SOCIÉTÉ NATIONALE D'AGRICULTURE DE FRANCE

18, RUE DE BELLECHASSE, PARIS.

NOTICE

SUR

ÉMILE GAUDIN

PAR

LOUIS PASSY

SECRÉTAIRE PERPÉTUEL

DE LA SOCIÉTÉ NATIONALE D'AGRICULTURE

PARIS

TYPOGRAPHIE GEORGES CHAMEROT

19, RUE DES SAINTS-PÈRES, 19

—

1890

SOCIÉTÉ NATIONALE D'AGRICULTURE DE FRANCE

18, RUE DE BELLECHASSE, PARIS.

NOTICE

SUR

ÉMILE GAUDIN

PAR

LOUIS PASSY

SECRÉTAIRE PERPÉTUEL

DE LA SOCIÉTÉ NATIONALE D'AGRICULTURE

PARIS

TYPOGRAPHIE GEORGES CHAMEROT

19, RUE DES SAINTS-PÈRES, 19

—

1890

NOTICE

SUR

ÉMILE GAUDIN [1]

Gaudin fut un homme heureux. Dans sa vie il eut tous les succès. La plupart des hommes prennent pour le bonheur cette espèce d'indolence qui les laisse jouir sans efforts des faveurs de la fortune et des dons de l'esprit : mais quelques-uns cherchent le bonheur et le trouvent à mériter par le travail ce qui déjà leur est assuré par le hasard. Si la prévoyance de ses parents avait ménagé à Gaudin les ressources d'un brillant avenir, si la nature lui avait donné généreusement une intelligence solide, un esprit appliqué, un caractère égal et un cœur dévoué, il ne négligea rien pour tirer parti de tous ces avantages et pour en faire un bon emploi. Les situations élevées qu'il atteignit furent prises par une succession de bonnes chances et de sérieux efforts

(1) Émile Gaudin, membre titulaire dans la Section d'économie, de statistique et de législation agricoles, élu le 20 juillet 1881, décédé le 17 juin 1884.

qui étonnèrent ses amis eux-mêmes. « Témoin de ses succès et de ses joies, — c'est son meilleur ami, c'est Batbie qui parle, — nous tous ses contemporains, nous l'appelions, sans nous être concertés, *notre heureux ami;* nous lui donnions encore ce nom, lorsqu'à notre insu sa santé était ébranlée et que tant de bonheur allait s'éteindre dans un cri de douleur. » C'est ainsi que les plus beaux jours disparaissent tout à coup dans un orage.

Gaudin est riche en naissant; sa famille est de Bretagne; sa fortune est en Anjou. Ses parents lui enseignent l'art d'être propriétaire, et grand propriétaire, par l'économie. Il est attentif, capable et ambitieux. Il finit son doctorat en droit à la Révolution de 1848. Bethmont, dont il devait être le secrétaire, d'abord dans le cabinet de l'avocat, ensuite dans le cabinet du ministre, le détourne du barreau et le dirige vers l'administration. Voilà sa première bonne chance. Il entre brillamment au Conseil d'État dans le concours célèbre de 1849. Au Conseil d'État, il trouve la réputation et une autre carrière. Drouyn de Lhuys le distingue et l'enlève pour le faire entrer dans le service réorganisé du contentieux au ministère des affaires étrangères.

Nous sommes en 1852. En 1854, M. Thouvenel est directeur de la politique et du contentieux : Gaudin est sous-directeur du contentieux. Drouyn de Lhuys pense, avec raison, qu'il est nécessaire de créer à côté de la direction du contentieux un comité consultatif où siégeront successivement Portalis, Duverger, de Gabriac, Marchand, Armand Lefebvre, Vuitry; Gaudin sera le secrétaire. Une affaire délicate exige-t-elle une solution bien étudiée? S'agit-il, par exemple, de l'affaire du bey

de Tunis contre son ministre Ben-Ayed? S'agit-il du règlement des finances et de l'emprunt d'Haïti? C'est à
Gaudin qu'on s'adresse. On le remercie officiellement :
assurément, c'est une récompense; mais l'empereur
Soulouque lui envoie le grand cordon rouge et la grande-
croix de la Légion d'honneur d'Haïti. Gaudin, en homme
d'esprit, les accepte et les cache dans son secrétaire. A
cette époque, chacun faisait si bien l'éloge de Gaudin,
qu'il eut l'honneur d'épouser la fille du premier prési-
dent de la cour de Paris, Me Delangle. Voilà un homme
parfaitement heureux pour le reste de ses jours et il
n'avait que trente ans.

Ce n'est pas tout. Après la guerre d'Italie et la paix
de Villafranca en 1859, Thouvenel son ancien directeur et son ami prend le portefeuille des affaires étrangères. Gaudin part pour Milan avec le titre de ministre
plénipotentiaire et la mission de résoudre, dans une con-
férence internationale, toutes les questions relatives à la
séparation financière et politique de la Vénétie et de
la Lombardie. Parmi les plus difficiles, se trouvait le
règlement des comptes d'une institution qui remontait
à Napoléon Ier et qui s'appelait le Mont de Milan. Quoi-
que le plus jeune des délégués, — il est vrai que le plus
jeune était vainqueur et Français, — Gaudin présida
cette commission et la présida à merveille. Tout se ter-
mina dans un parfait accord.

Une anecdote en passant. Gaudin était arrivé à Milan
au moment où se préparait le rapatriement des troupes
françaises. L'empereur Napoléon, qui avait été l'auteur
de cette campagne improvisée et le témoin des vices et
des fautes de son administration militaire, se préoccupait
de la manière dont serait conduite cette opération. Gau-

din, prévenu et peut-être choisi, transmit confidentiel-
lement au ministre des affaires étrangères un rapport
complet sur les dispositions militaires prises par les
chefs de corps, sur la situation matérielle et morale des
troupes et l'attitude des populations italiennes. Comme
la retraite s'exécuta en bon ordre, le maréchal Vaillant,
avant même que son rapport officiel ne fût parvenu au
ministre de la guerre, reçut des félicitations dont il
n'eut jamais le secret. L'empereur aimait passionnément
le mystère et, par des coups de surprise, entendait exer-
cer un contrôle personnel sur l'administration de ses
ministres. Gaudin, qui avait fait si brillamment sa
partie, reçut, à son retour d'Italie, la croix de com-
mandeur de la Légion d'honneur et un siège au Conseil
d'État.

Ce fut une fête, quand l'ancien auditeur revint s'as-
seoir conseiller d'État au milieu des maîtres de cette
grande assemblée. Dubois, Cornudet, Marchand, Boulatignier, accueillirent à bras ouverts le gendre de Delangle
et le ministre plénipotentiaire. D'ailleurs, son autorité
grandissait de jour en jour. Le talent sérieux et nourri
qu'il déployait à la tribune du Sénat et de la Chambre
des députés, en qualité de commissaire du gouvernement, le désignait pour la présidence d'une des sections
du Conseil d'État. Il s'y préparait dans les dernières
années de l'Empire et c'est peut-être un des seuls vœux
qu'il ne permit pas au temps de réaliser. Il est piquant
de voir les *Annuaires officiels* lui accorder, à partir de
1862, le double titre de ministre plénipotentiaire et de
conseiller d'État dans la section des travaux publics.
Tout s'explique : Thouvenel, son ami, était ministre des
affaires étrangères ; Delangle, son beau-père, était mi-

nistre de la justice, et Gaudin était homme à mener deux
carrières à la fois, jusqu'au jour où le suffrage universel l'accablant de ses faveurs allait lui en donner une
troisième.

Les événements marchent et le gouvernement du
second Empire fait, à la dernière heure, un mouve-
ment vers les institutions parlementaires. La mort de
M. de Lanjuinais ouvre une vacance à la députation de
la circonscription de Nantes. De Lareinty, Guépin, Pré-
vost-Paradol espèrent conserver ce siège au parti de
l'opposition. Gaudin se présente et, après deux tours de
scrutin et une lutte acharnée, le rend au parti du gouvernement.

Ce coup de force électorale et de puissance départe-
mentale mettait Gaudin en pleine lumière. Il n'avait
pas quitté son cher Conseil d'État pour gagner un
ministère sur ses amis, mais pour regagner sa ville de
Nantes sur ses adversaires. On le suit. On écoute avec
intérêt ses excellents discours sur la marine marchande,
la navigation et les travaux de la Loire, et quand se dis-
cute et se forme le ministère du 20 janvier 1870, on
apprend que sa candidature a été posée. Son nom revient
dans les jours troublés de juin 1870, et s'inscrit, pour
quelques heures, pendant la triste nuit du 3 au 4 sep-
tembre, sur la liste de cette commission politique à
laquelle une majorité en déroute ordonnait d'effacer
d'irréparables fautes, au milieu d'irréparables désastres.

Il était trop tard ! L'Empire sombre. Paris est investi ; le
service de la garde nationale pendant le siège, la retraite
à la campagne après le siège, deviennent alors le refuge
et la consolation de bien des hommes de cœur. Plus
tard, lorsque l'Assemblée nationale eut accompli son

œuvre réparatrice, les souvenirs des anciens temps se réveillèrent dans les campagnes et coururent saluer l'ancien député de 1869, qui retrouva en 1876 les fidèles électeurs de la deuxième circonscription de Nantes. A chaque nouvelle élection, en 1877 et en 1881, la majorité de ses amis grandit, et en 1885, après sa mort, le suffrage universel le renomme encore une fois dans la personne de son jeune fils.

C'est à la Chambre des députés et pendant ses trois dernières législatures que j'appris à connaître Gaudin. Je me sentis attiré vers lui par la confiance qu'il me témoignait. Je me trouvais tout naturellement en pays de connaissance par les amis communs que nous avions dans la politique et dans la science, et par la communauté d'études qui nous avait portés vers le droit, l'administration et l'agriculture.

Il se plaisait à me raconter tout ce qu'il avait fait dans le cours de sa vie pour la défense des intérêts agricoles, et je prenais part à ses entretiens avec profit et agrément. Il aimait à se faire considérer comme un homme pratique et pénétrant le détail des affaires ; et, en effet, il administrait avec la sévérité des traditions paternelles les biens considérables qu'il possédait : cent hectares dans la Loire-Inférieure, dont soixante en vignes ; plusieurs centaines d'hectares de forêt dans la Nièvre, trois cents hectares en métayage. Ainsi, l'agriculture, la viticulture et la sylviculture étaient l'objet de ses efforts, et ces efforts se développaient dans tous les cadres, sous toutes les formes de l'exploitation agricole.

Un jour, il me faisait remarquer qu'il avait défendu les intérêts de l'agriculture, dans le Conseil d'État, en jouant un rôle dans la préparation du code rural ; puis devant le Conseil général de la Loire-Inférieure, où il occupa un siège pendant vingt-quatre ans ; enfin, dans la Chambre des députés, où il n'avait cessé de traiter des questions financières, industrielles et agricoles. Certes, je ne pouvais nier l'importance des causes qu'il avait plaidées, l'autorité des juges qu'il devait convaincre et les succès qu'il avait remportés.

Un autre jour, il constatait que les hasards de sa fortune diplomatique l'avaient emporté, lui, le représentant des intérêts du Nord, vers la défense des intérêts du midi de la France ! Pendant l'année qu'il avait passée en Italie, il s'était rendu maître de ces questions économiques que dominent en même temps le sol et le climat de l'Italie septentrionale, comme le sol et le climat de la France méridionale. « Voilà pourquoi, ajoutait-il, je me suis trouvé prêt et désigné à conduire la grande enquête agricole de 1866 dans les départements du Gard, de l'Hérault et des Bouches-du-Rhône. » Et en effet, les céréales, les vers à soie, les vins ont autant d'importance dans la Lombardie et le Piémont que dans la Provence et le Languedoc, dans les ports de Gênes et de Livourne que dans les ports de Toulon et de Marseille. Un peu plus tard, sur la demande de M. Béhic, ministre du commerce, Gaudin résuma supérieurement les rapports adressés par les agents du ministère des affaires étrangères touchant la production et le commerce des céréales dans tout le bassin de la Méditerranée. De ce résumé, me disait-il encore, il avait fait une œuvre originale, en l'enrichissant de toutes les observations et de tous les documents recueillis dans ses missions et ses voyages en Italie, en Sicile, en Espagne et en Algérie. Il regrettait vivement que ce manuscrit ait été perdu dans les bureaux du ministère. Perdu était un mot poli. Mais ces regrets étaient ceux d'un homme qui sait le prix des grands et des petits événements de la vie.

Toutes ces conversations sur le commerce et l'agriculture étaient naturellement relevées par des confidences sur les hommes que nous avions connus et pratiqués : Dumas, Drouyn de Lhuys, Boulatignier, Batbie, Léon Say, et Gaudin terminait tous ses entretiens, en me démontrant que nous étions, sans le savoir, des amis depuis fort longtemps ; que d'aussi bons collègues étaient nécessairement destinés à devenir de bons confrères, et qu'il serait bien agréable de se rencontrer à la Société nationale d'agriculture comme à la Chambre des députés. Quand nous avons perdu Moll, Gaudin posa sa candidature et vous soumit ses raisons, ses titres et ses vœux. J'eus l'honneur de vous les exposer. Vous avez daigné les agréer, et Gaudin entra dans la Section d'économie, de statistique et de législation agricoles, le 20 juillet 1881. Malheureusement, il nous fut enlevé trois ans après, le 9 juin 1884, et il n'eut pas le temps de laisser, dans le recueil de nos travaux, les traces d'une collaboration active et dévouée. Nous noterons cependant un rapport sur la question controversée du privilège en faveur des vendeurs d'engrais.

Ainsi Gaudin, dans tout le cours de sa vie, ne traversa aucune épreuve, ne trouva aucun obstacle, ne subit aucun échec. Tout ce qu'il pouvait désirer arriva naturellement. Vous ne croirez pas plus que moi à une suite de hasards. On ne réussit pas aussi facilement si des qualités naturelles ne viennent pas au secours des événements et des circonstances. Le caractère de Gaudin a été pour beaucoup dans la persistance de ses bonnes fortunes. Il était fait de prudence et de fermeté. On découvre assez aisément le fond d'un homme par ce qu'il dit des autres, et Gaudin en disait presque toujours du bien. Sa conversation était tenue avec une bienveillance aisée. Sa discussion était menée avec une certaine modestie qui avait sa malice et une politesse qui désarmait ses contradicteurs.

Vivant au milieu des hommes politiques, et lui-même étant homme politique, il n'en avait pas les prétentions et les ardeurs : il n'était pas homme de parti. Sous une réserve apparente, il cachait néanmoins beaucoup de décision et de vigueur. Il avait gardé, de son passage au ministère des affaires étrangères, ces allures courtoises, et ce langage discret, qu'on croit être l'attribut naturel des diplomates. Sur bien des questions, il est certain qu'il n'aimait pas à se prononcer à l'aventure et pour toujours : je citerai, par exemple, la célèbre question du libre-échange et de la protection dans laquelle il avouait qu'il avait soutenu successivement le pour et le contre. « Les faits en pareille matière, répétait-il, doivent régler la conduite des hommes de bonne foi. »

Comme tout se tourne contre les gens qui tombent et sont malheureux, tout sert les gens qui s'élèvent et sont heureux. Il y a des forces invisibles d'attraction et de rayonnement dans le monde physique et dans le monde moral.

Au milieu de ces succès, il n'est pas étonnant que Gaudin, riche, obligeant et aimable, ait eu de nombreux amis; mais il eut aussi quelques vrais amis : Ch. Robert, Leviez, Batbie. Batbie était au premier rang. Ils se rencontrèrent au Conseil d'État en 1849 et ne se quittèrent plus. Pour qui les a connus l'un et l'autre, on peut dire qu'ils s'étaient unis par le bon sens et la bonne humeur. Ils traversèrent les événements de la vie en les appréciant avec le sérieux ou la gaîté qu'ils comportent. Ils avaient fait cette expérience qu'à tout âge on a des amitiés passagères, et que, dans la jeunesse seule, on a des amitiés durables. C'est que l'amitié, à tous les âges, n'est parfois qu'une partie de notre temps; mais l'amitié de la jeunesse est une partie de nous-mêmes. Batbie était, vous le savez, notre correspondant, et il serait devenu notre confrère, si la mort ne l'eût promptement réuni à Gaudin. J'aime à rapprocher ces deux noms qui nous rappellent en même temps deux hommes d'esprit et de cœur. Personne ne connut mieux Gaudin que Batbie, et personne ne mérita mieux de porter sur sa tombe le témoignage suprême de la fidèle amitié. Aussi, je laisse à Batbie l'honneur de dire le dernier mot sur toute la vie de Gaudin, et ce mot le voici : « La fin prématurée de notre ami l'a séparé du bonheur parfait, après une vie constamment heureuse. »

Inclinons-nous, mes chers confrères, et arrêtons-nous sur cette parole consolante et inattendue. Félicitons-nous de pouvoir inscrire dans nos Annales le souvenir d'un homme qui, même pendant quelques années, paraît avoir trouvé en ce monde ce qu'on a osé appeler « le bonheur parfait ».

Paris. — Typ. G. Chamerot, 19, rue des Saints-Pères. — 25748.